Neusa Jordem Possatti

Ciça

Ilustrado por
Renato Alarcão

Paulinas

Dados Internacionais de Catalogação na Publicação (CIP)
(Câmara Brasileira do Livro, SP, Brasil)

Possatti, Neusa Jordem
    Ciça / Neusa Jordem Possatti ; ilustrações Renato
Alarcão. – 8. ed. – São Paulo : Paulinas, 2012. – (Coleção
magia das letras. Série mundo encantado)

    ISBN 978-85-356-3036-7

    1. Literatura infantojuvenil I. Alarcão, Renato.
II. Título. III. Série.

12-00299   CDD-028.5

Índices para catálogo sistemático:

    1. Literatura infantil   028.5
    2. Literatura infantojuvenil   028.5

8ª edição – 2012
6ª reimpressão – 2023

Revisado conforme a nova ortografia.

Direção-geral: *Flávia Reginatto*

Editora responsável: *Maria Alexandre de Oliveira*

Copidesque: *Sylvia Manzano*

Coordenação de revisão: *Andréia Schweitzer*

Revisão: *Ana Cecilia Mari*
Patrizia Zagni

Direção de arte: *Irma Cipriani*

Gerente de produção: *Felício Calegaro Neto*

Projeto gráfico: *Renato Alarcão*

Produção de arte: *Mariza de Souza Porto*

Paulinas
Rua Dona Inácia Uchoa, 62
04110-020 – São Paulo – SP (Brasil)
Tel.: (11) 2125-3500
http://www.paulinas.com.br – editora@paulinas.com.br
Telemarketing e SAC: 0800-7010081
© Pia Sociedade Filhas de São Paulo – São Paulo, 2004

Quem eu sou

Minha casa é pequena. A gente dorme no chão, não tem colchão. Todo mundo deita. Somos quatro.

Tem a minha mãe que é grande e bonitona; mas ela anda sempre triste, não olha muito para o céu, só para o chão. É calada, quieta e não brinca comigo há um tempão.

O Zeca é mais ou menos alto, tem olhos duros. A gente só vê ele rindo quando está perto da minha mãe (gozado, ela é maior que ele). Você quer chamar o Zeca para briga é só chamar ele de mineirinho comedor de queijo ou baixinho. Qualquer um dos dois serve. Ele é perigoso, usa uma faca na cintura, escondida para ninguém ver. Mas eu sei, já vi. Ele só fica menos macho quando está com minha mãe. Ela tem alguma coisa que ele respeita. Ela fala com ele olhando nos olhos, de igual para igual. Zeca é muito desagradável, mas é claro que eu não digo isso a ele. Eu, hem, e aquela faca na cintura?

Tem o Macalé, ele não gosta de mim. Ciúme? É, deve ser. Afinal de contas ele é filho do Zeca e não gosta da atenção que o pai dele me dá. Não perde a chance de implicar comigo. Puxa meus cabelos pixains, me belisca e me enche de tapa quando eu pego a comida dele. Pego porque minha barriga ronca às vezes, de fome.

E tem eu. A Cecília. Mas todo mundo me chama de Ciça. Ainda sou pirralha. Nunca conheci meu pai, mas morro de vontade. Um dia vou crescer — espero que seja logo — e vou procurar por ele, isso se minha mãe deixar.

3

A "Panha" do café

É segunda-feira, vamos todos trabalhar na "panha" do café. Se a gente não trabalha, não come.

Todos acordam de cara amarrada. Até minha mãe. Tem dias que ela é dócil, boazinha; mas tem dias que é bom ficar bem longe dela, fica de cara amarrada, os olhos daquele jeito de quem quer briga e só está procurando alguém para isso. Ela fica assim principalmente quando o dinheiro não dá para passar a semana toda. Tento entender quando ela fala da pobreza, da fome, da falta de uma casa nossa mesmo. Mas duro, duro é dormir com fome.

O frio tá demais, o sol não vai dar as caras antes das seis e meia. Saímos para pegar o caminhão que vai levar a gente para a roça. Minha mãe fica por último, tranca o portão de madeira e, encolhidos contra o vento, andamos apressados e nos juntamos aos outros da nossa rua que também vão pelejar na colheita.

Não tem bancos para sentar na carroceria. A gente senta no chão de tábuas duras mesmo, e o pior são os solavancos que o caminhão dá. Fico com o estômago embrulhado de tanto virar para lá e para cá, mas eu não reclamo. Também, para quê? Não ia adiantar nada, só iam me mandar calar a boca.

O velho caminhão demora a chegar na roça, eta fazenda longe... tem uma ribanceira muito, muito alta no caminho, tenho medo e começo a tremer. Penso no meu pai e no modo como minha mãe falava dele, com uma raiva de doer. Chamava-o de nomes feios que eu duvido que ele fosse gostar. Quando fico olhando os

homens desconhecidos apanhando os grãos de café, eu penso: "É... um deles podia ser o meu pai. Será que ele saberia que sou sua filha se me visse pela primeira vez?".

Descemos do caminhão: homens, mulheres e algumas crianças do meu tamanho. Vamos morro acima, a roça de café fica bem na virada e ali onde a vista não pode mais alcançar. Zeca fala amargurado:

— Num ano a terra dá, no outro ela tira.

Acho que ele está querendo dizer que no ano que vem não vai ter trabalho para todo mundo.

O Macalé vai na frente. Eu e minha mãe, atrás. Ele diminui a marcha. Coloca um dos pés na minha frente. Tropeço. Caio dentro de uma poça de lama. Ele fez força para não rir enquanto eu engulo as lágrimas, uma a uma. Ele não vai ter o gostinho de me ver chorar. Ah, não vai, não.

Para descer morro abaixo, todo santo ajuda; para subir bem que podia dar, também, um empurrãozinho. A lavoura é no alto do morro, a gente segue por uma trilha estreita sem eira. Minhas pernas doem, mas dói mais a raiva acumulada dentro de mim. Ainda pego o Macalé.

Meus braços mal alcançam os pés de café, fico debaixo dos galhos com os braços espichados, fazendo o que posso para ajudar na derriça. Os galhos do cafezal estão carregados, vermelhinhos de tão maduro. O orvalho da manhã molha meu vestido de popelina estampada meio curto, meio desbotado, meio feio; mas é o único que eu tenho.

Começa a chover fino na hora em que paramos para comer a boia que minha mãe preparou cedinho. Ela acorda antes da gente para preparar a comida. Eu tenho dúvidas, às vezes, se ela chega a dormir.

Chove grosso agora. Corremos. Fugimos da chuva. Com a chuva não se trabalha. Fico alegre, vamos voltar para casa. Mas sem

trabalho não tem dinheiro e sem dinheiro não tem comida. E sem comida tem briga, tem cara amarrada e fome. Fico triste.

Na subida de volta ao caminhão esbarro em Macalé. Claro que foi de propósito. Olhamos um para o outro — a raiva cresceu — e, sem que ninguém entendesse, grudamos um no outro. Rolamos pelo chão, trocamos socos... puxando os cabelos e xingando. Nem o tamanho dele, que era maior que o meu, atrapalhou. Briguei com raiva, com toda a raiva do mundo. Minha mãe e o Zeca aparecem e acabam com tudo. É. Fiz. Foi bom. Parece que conquistei ao menos um pouco do respeito dele. Agora quero ver se ele para de implicar comigo.

Chegamos em casa. Não se pode chamar aquilo de casa, minha mãe tem razão. Há um monte de goteiras, e as goteiras irritam todo mundo.

Umas pessoas estranhas chamam o nome da minha mãe, na porta. Ela atende, mas manda que eu saia, aquela não é conversa para gente pequena. Do lado de fora dá para ouvir tudo, embora eu não compreendesse quase nada do que diziam. Conselho tutelar... retirada da guarda... escola... opa! Esta última eu ouço perfeitamente. Se tem uma coisa que me apavora e me deixa contente ao mesmo tempo é pensar na escola. Secretamente desejo ir, mas me arrepio só de pensar.

O pessoal vai embora. Minha mãe senta-se ao meu lado, como quase nunca ela faz e fala que no outro dia bem cedo eu vou para a escola.

Ela diz baixinho ao meu ouvido:

— Você não é mais uma menininha, não vai chorar, não é?!

Balanço a cabeça. Digo que não. Minto.

Vou dormir cedo para que amanheça logo. Os olhos ficam grudados no teto sem forro, e as telhas no alto, através dos meus olhos, ficam dançando em lágrimas. Todos vão dormir e eu acabo dormindo também.

A primeira vez

Meu cãozinho acorda primeiro que eu. Lambe meu nariz com sua língua fria. Ele é todo peludo, arisco como ele só. Às vezes até me esqueço dele, mas ele sempre está comigo. Ele é meu melhor amigo; como não haveria de ser? Não dizem que o cão é o melhor amigo do homem... e da mulher também. "Filhote" é o nome dele. Eu o chamo assim porque ele ainda não cresceu; sei que não é um nome muito original, mas o cão é meu e eu coloco nele o nome que eu quiser. Pronto, acabou.

Desço depressa, Filhote quase não aguenta me acompanhar ladeira abaixo. A rua vai dar na escola. Ninguém vem me trazer. Também nem precisa, eu sei o caminho. Toda vez que tinha que passar em frente, eu ficava de olhos compridos, com uma vontade danada de entrar.

Foi eu chegar na porta da escola e minha coragem me abandonar. Fico ali, sozinha, perdida no meio daquele monte de crianças. Penso seriamente num jeito de dar meia-volta antes que alguém note a minha presença, quando uma mão grande e macia segura meu braço, querendo saber minha idade, meu nome — e a pergunta mais boba que eu já vi —, se é a primeira vez que eu venho à escola... isso dá para notar na minha cara de apavorada, né?! Pego Filhote no colo e falo para ele, enquanto entramos na escola: "Não fique com medo, todo mundo vai gostar de você". E ele me responde: "Não fico".

Sento na última carteira da sala de aula. Espero pela professora, ansiosa, com o coração pulando dentro do peito. Meu caderno já até começou a enrolar nos cantos de tanto que eu o folheio.

Verdade seja dita. Sou um bocado contadora de vantagens. E não perco a chance de aparecer quando a professora coloca no quadro bem à nossa frente uma palavra diferente, que eu descubro, mais tarde, ser: folclore. É mágico o significado dessa palavrinha; e enquanto ela ia com o milho, eu voltava com o fubá prontinho. Eu sabia de cor aquelas histórias contadas pelo pessoal da roça, até do Chupa-cabra. E por acaso algum dos meninos tinha prova da existência real do Chupa-cabra? Duvido. Um bicho incomum, assustador: animal misterioso que mata cabras e bezerros, sugando o sangue deles. O mais legal no Chupa-cabra é que se pode criar para ele uma aparência da própria imaginação. Não se pode dizer o mesmo do já famoso Curupira que tem os pés ao contrário, calcanhar para a frente, dedos para trás. Danado! Engana os caçadores com seu rastro, fazendo com que eles se percam na floresta.

Eu, sim, já vi o Chupa-cabra de perto. Quer dizer... não tão de pertinho. Mas eu sei distinguir bem um Chupa-cabra de um Lobisomem. Por acaso o Lobisomem não é aquele que ataca bebezinhos e invade galinheiros? Então... só vagueia em noites de lua cheia?!

Agora... cá para nós, esperto mesmo é o negrinho metido a besta chamado Saci-pererê. Tem uma perna só, mas é mais ligeiro que o pensamento. Ele cobre a cabeça com um gorrinho vermelho e vive dando nó em rabo de cavalo. O Zeca já viu o danado em noite sem lua. Bom... ele falou que viu e eu não duvido. Mesmo porque, com o Zeca, quem duvida perde a vida.

É bem certo que de simpático ele não tem nada, o Chupa-cabra, não o Saci-pererê. Mas eu não estou nem aí para as coisas que as más línguas confabulam sobre o animal misterioso. Eu o compreendo perfeitamente. Deve ser muito triste vagar pela noite escura. E quanto a devorar sangue de animais, bem... vai ver ele está sempre com muita fome... e a gente com fome faz qualquer coisa. É claro que, se eu desse de cara com ele, seria bom ter à mão uma cabra, só para o caso de ele estar faminto.

Uma campainha avisa que a aula terminou, que pena... e eu que nem contei ainda a eles tudo que sei sobre o Chupa-cabra.

No recreio o corre-corre dos meninos que me olham sem ver me inibe. Sento num canto qualquer; Filhote nem late, senta quietinho comigo. Abro uma sacola de papel. Dentro, um pão sem recheio. Gostoso mesmo é o salgadinho quentinho da lanchonete da esquina da minha casa. Como meu pão seco pensando no presunto que não está ali.

— Você quer um pedaço? — a garota se esparramou ao meu lado quase espremendo o Filhote.

— Não, obrigada — falo cheia de vontade de dar uma bocada naquele chocolate.

Outra menina chega e senta com a gente. Assim... nem pede licença. Longe de achar ruim, eu até que gosto. Agora vem um menino. Meninos conversam coisas mais interessantes que meninas. Eles falam de pisar a lama em dia de chuva, andar de bicicleta com uma roda só, andar na brasa em dia de São João... demais!

Uma outra turma encara a gente com jeito de quem comeu e não gostou. Passam bem na nossa frente andando de banda e debochando.

— Não liga, não — meus novos amigos falam ao mesmo tempo.

Não ligo.

A menina que sentou primeiro perto de mim é a Luísa. Mas ela disse que posso chamá-la de Lu. Ela é redondinha, adora chocolate; também quem não gosta?! Ela me oferece de novo um pedaço e dou logo uma mordida, bem pequena... que eu não sou boba, assim ela vai me oferecer de novo noutro dia.

O garoto dentuço é o Henrique, feio de doer. Como se não bastasse toda sua feiura, ele tem o cabelo espetado para cima, e sem dó os meninos o chamam de "Demente".

Márcia é o nome da outra menina, magrela como ela só. De nós quatro a que tem menos cara de mendigo. Mesmo assim se a gente não considerar o enorme rasgo debaixo do tênis dela. Custo a entender o que ela quer dizer:

— Meu pai vai me levar para pescar, isto é, conforme minha "comportação".

— Ah!... comportamento! — Demente corrige, acostumado com a mania que ela tem de falar difícil.

Na sala de aula, meninas e meninos arrumadinhos olham enviesados para mim. Tem um que é tão certinho, mas tão certinho que dá até vontade de chutar a canela dele. A professora o elogiou, no ano passado só tirou nota 10, primeiro lugar, nunca foi para fora de sala, nunquinha tinha anotação no caderno. Uma espécie em extinção. O nome dele é Carlos Eduardo, para mim, ele é muito metido à besta.

Fim de aula, todos correm para a saída. De propósito fico na frente do engomadinho, ele vai ter que pedir licença. Ele não pede. Fica só me olhando por trás dos óculos como se eu nem estivesse ali. E isso foi pior que se ele tivesse me atropelado. Saio da frente, não sem antes dar um pisão no pé dele, que grita e xinga sem saber direito quem foi, pois, no corre-corre, o grupo inteiro resolveu sair em deban-dada. Fiz, mas nem senti o gostinho.

Cai, cai, tanajura, na panela de gordura

Chove sem parar. Ninguém trabalha. "A semana está perdida", ouvi minha mãe dizer. Falta comida na nossa mesa. Ela me olha com olhos tristes:

— Se continuar assim... vamos ter que caçar um rumo.

Não gosto nada quando ela fala assim, quase sempre significa mudança... para pior. Gosto da escola, especialmente quando a professora lê aquelas palavras arrumadinhas que ela chama de poemas. É tão lindo! Rimando, parecem música no meu ouvido... e depois tem a merenda. Uma delícia! Minha única refeição decente do dia.

Vi pela cara do Zeca que as coisas iam ficar diferentes. Filhote se encolhe e enrosca na minha perna feito gato. Ele, às vezes, é bastante covarde e sente, como eu, quando a coisa vai ficar preta.

— O patrão vai levar a gente para outra fazenda, é longe. Temos que ficar por lá a semana inteira. Voltamos no fim de semana — ele fala e dá por encerrado o assunto. Está decidido.

Meu coração dispara. Não quero perder aula. Ninguém me ouve. Não sei por que ainda teimo, se eu já sei que na minha casa o sistema é: criança é a última a falar e a primeira a apanhar.

Partimos cedinho, a cerração não deixa nem ver a estrada. Todo mundo fica amontoado na carroceria do caminhão. Mal tenho lugar para pôr os pés. Filhote vai no meu colo que é para ninguém judiar dele. Chegamos. Faz frio. O cheiro dos grãos de café está por todo lado. Pulo do caminhão. Minha mãe me segura. Ela tem os braços fortes e não deixa que eu caia. Para sempre vou me lembrar do modo como ela me acolhe junto ao seu peito no momento em que me atiro no ar, da carroceria do caminhão direto para os seus braços. Fico triste quando ela me coloca no chão. Tenho vontade de ficar só mais um pouco no seu colo.

Canso de derriçar café. Os galhos ferem meus braços finos. Mais de um trabalhador foi mordido por cobra, hoje. De noite, todo mundo senta em volta da fogueira para contar casos. Os de assombração são os meus preferidos. É claro que eu morro de medo. Mas eu não digo, nem para o Filhote.

Vamos todos dormir. A tulha é grande e abriga toda a gente. Em colchões espalhados pelo chão, todos dormem juntos: homens, mulheres e crianças. Lembro-me dos casos de assombração e me arrepio. Encolhida, procuro a proteção de minha mãe. Do seu lado tem o Zeca, mas, ao sentir meu corpo trêmulo de frio e amedrontado que se gruda ao dela, solta-se do Zeca e me abraça.

Nunca vi semana mais demorada que esta. Parecia que o mês ia passar e a semana não. Sinto saudades da escola.

Voltamos para casa, enfim. Fechada por muitos dias, o cheiro de mofo está mais forte. Espirro. Mandam que eu vá brincar na rua. Ouço crianças cantando: "Cai, cai, tanajura, na panela de gordura..." Tem um monte de areia da construção do lado da minha casa. Corro para lá, Filhote vai comigo.

Macalé já fez estradas e pontes na areia; os carrinhos dos meninos da vizinhança enfeitam os caminhos esculpidos nos montes. Eles não querem saber de meninas por ali. Fico danada! A rua é de todo mundo e a areia também! Eles começam a cantar: "Nega preta do sovaco fedorento..." Fico brava! Pulo em cima do monte de areia e desfaço com os pés as estradas e as pontes que eles levaram horas para construir. Filhote fica de longe, só olhando, e depois esconde a carinha entre as patas — ele não quer saber no que isso vai dar. Mas, se eu não posso brincar ali, eles também não! Volto para dentro de casa cantando sozinha: "Cai, cai, tanajura, na panela de gordura..." Filhote completa só para rimar... "que eu te dou uma rapadura".

Voando que nem passarinho

É segunda-feira de sol. Volto para a escola. Os meninos me encaram com olhar de pena. Ao menos me olham. Depois reparam em minha roupa e em meu chinelo costurado, ali o exame se demora mais. Márcia chega para me socorrer:

— Ciça, você sabia que todos da escola vão ganhar uma roupa igualzinha chamada "liforme"?!

Eu rio. Acho que essa palavra não existe.

Ela conta do time de futebol feminino que a professora está formando na escola. Nem precisou perguntar se eu quero entrar. Aceito de cara. É de goleira a única vaga, fazer o quê...

Dia de jogo. Nós nem treinamos. Entro em campo com um medão de pisar na bola... de verdade.

O Macalé está na arquibancada fazendo troça de nós, meninas de calção, jogando um jogo que é de meninos. O jeito que ele

olha para nós mais parece "uma bolada nas costas". A juíza apita o fim do primeiro tempo sem nenhum gol. A galera começa a reclamar. Intervalo para descansar e voltamos para o segundo tempo. Macalé grita que o meu time é perna-de-pau — e é mesmo. Eu não aguento, faltando um minuto para terminar, saio do gol, procuro e encontro a bola; corro meio desesperada e muito atrapalhada pelo campo em direção ao gol da adversária. Todo mundo fica de boca aberta pensando o que a goleira faz no meio do gramado que nem uma maluca. Aproveito a surpresa, pequena e magra como sou, e passo fácil pelas jogadoras do outro time. De cara com a goleira arrumadinha, ajeito a bola e meto para o gol. Não é que entrou?! Ainda bem, senão ia levar a maior bronca da professora por ter deixado vazio o gol do nosso time.

Festa no campo. Filhote pula no meu colo. Todos comemoram, até o Macalé.

Na volta para casa, Demente vem com a gente um pedaço. Ele mora antes da minha rua. Ele anda de bicicleta. Nunca andei. Morro de vontade de dar uma voltinha. Se eu tivesse certeza de que ele deixava, eu pedia. Junto coragem e peço. Ele deixa.

Monto. Ele segura o selim e o guidom. Eu fico em cima tentando equilibrar... 1... 2... 3... já. Ele dá um empurrãozinho e solta a bicicleta. Lá vou eu, como se sempre tivesse andado. A bicicleta é grande, mas consigo pedalar sem cair de cara no chão. As pernas doem, mas é bom para os músculos. É o que dizem. O vento bate no meu rosto, mas é com carinho. Dá um friozinho na barriga e a gente parece voar que nem um passarinho.

De noite, quando deito no chão da minha casa, eu e o Filhote, penso em todas as coisas que aconteceram naquele dia. Não quero dormir. Tenho medo de acordar de manhã e descobrir que tudo não passou de um sonho danado de bom.

A aula começa às sete horas, e às seis eu já estou pronta.

No recreio me chamam para brincar de jogar queimada, falta um para completar o time. Eu vou. O "Engomadinho" faz cara feia, não ligo. A bola pequena, feita de meia recheada com retalhos de pano, não consegue me "queimar". Mostro a todos eles que sou boa na "queimada" — o detalhe é que nunca tinha jogado antes, mas aprendi só de ver —, e viro líder, ganho o direito de escolher o time para a próxima rodada. Escolho meus amigos: Lu, Demente, Márcia...

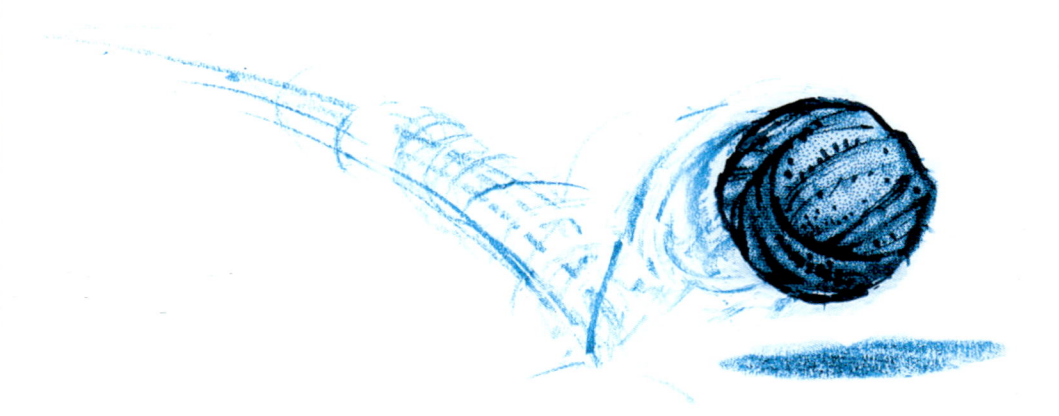

Tem novidade boa e novidade ruim. Quando a novidade é boa, o Zeca ameaça um sorriso. Quando a novidade é ruim, a gente nota mais depressa ainda, porque ele amarra a cara. E essa novidade devia ser muito ruim, pois ele chegou derrubando as cadeiras e esbravejando:

— Droga de vida!

Não demoro a descobrir o porquê de tanta brabeza. A colheita do café, nas lavouras mais perto do lugar onde a gente mora, está no fim. Assim, os diaristas têm de ir mais longe, nas lavouras mais distantes, para colher os grãos.

Outra vez falto às aulas. Pegamos o caminhão lotado. Sento encolhida no chão, as gretas de madeira na minha parte mais macia. Filhote não fala nada; Macalé tem os olhos perdidos na estrada que vai fugindo de nós.

Aventura embaixo d'água

Chegamos à fazenda. Trabalhamos duro e antes que o sol se escondesse atrás das montanhas, a meninada pulou no rio. Eu também fui. Filhote fica na beira, ele morre de medo d'água; nem de tomar banho de chuveiro ele gosta.

As águas pardas, de corredeiras, longe de nos afugentar, nos atraem. A canoa que serve para tirar areia, amarrada na margem do Rio Pardo, dança convidando para entrarmos nela. Macalé desafia meu espírito de aventura. Desafio aceito, pulo dentro do bote, meu "arqui-inimigo" também. Só que a corda que segura o danado na margem se soltou repentinamente e o que parecia seguro... à deriva ficou.

As águas do Rio Pardo são pardacentas, mas não são sujas, não naquela cabeceira. Ali o rio parece mais vivo que nunca. O mesmo não se pode dizer de outros trechos do rio em que dá para notar a sujeira que as pessoas jogam. Será que pensam que o rio é lixeira?! Tudo que não presta, atiram nele, sem dó. Até o esgoto das casas... tanta poluição mata os peixes. Será que não percebem que, matando os peixes, estão matando o rio e, pior, matando a nossa gente? Sim, porque as águas do Rio Pardo vão dar no Rio Itapemirim e o que a gente suja aqui vai desaguar lá embaixo. Fico triste só de pensar... e alegre... porque ainda tem jeito de limpar essa sujeira... aqui na cabeceira do rio as águas nascem límpidas e quase posso ver na transparência da água o fundo do rio cheio de pedrinhas. Tudo ia sendo muito divertido até que pegamos uma corredeira. O pequeno barco ganha velocidade e foge do nosso controle. Macalé arregala os olhos para mim. Não sei por que a coragem

inventa de abandonar a gente quando mais se precisa dela. Segurei a mão do Macalé e pela primeira vez ele não me manda chegar pra lá. O bote bate com violência nas pedras e o rio, a contragosto, arrasta o barco, zangado ele parece querer dizer: "... Então vocês não sabem que esse trecho não é navegável?" Assustada, grudo no fundo do barco. Macalé propõe: "Vamos pular". Nem dá tempo de responder e o barquinho revira a gente para dentro do rio.

Até que a água está quentinha, aquece meu corpo enquanto me carrega para baixo, puxando para o fundo... bem fundo. Ali tem peixinhos de todas as cores, de todos os tamanhos. Eu me distraio olhando os pequenos lambaris e as traíras com seus bigodes, alguns se assustam com o bicho-menina e fogem para suas locas. Os raios do sol atravessam a superfície e iluminam o fundo do rio. Posso ver claramente a areia branca sem pisá-la; abro os braços enquanto flutuo, bato devagar os pés um após o outro, me movimento como se voasse... nesse instante, sinto-me superpoderosa, parte desse silencioso mundo em paz. Só então noto que está faltando o ar... mas isso é só um detalhe, não me importo. Continuo no fundo sem vontade de subir. Ali tem calor, as pedras são luminosas; o rio está vivo. Flutuo entre as piabas que nem se incomodam com minha presença... mãos pesadas me puxam para a superfície e quase tenho vontade de socar Macalé por isso. Estava tão bom aqui embaixo!

Com dificuldade agarramos alguns galhos do bambuzal que margeia o rio. A correnteza é forte e teima em nos levar, mas Macalé não deixa, segura firme minhas roupas e arrasta meu corpo para fora. Cansados, permanecemos deitados, um do lado do outro, no chão, sem acreditar que conseguimos nos safar. Puxa, essa foi por pouco!

Macalé aprende a rir e eu, a chorar

Voltamos à fazenda sãos e salvos e ainda levamos uma boa bronca pelo sumiço.

Hora de ir para casa. O caminhão para no pé do morro. O motorista puxa o freio de mão, que range alto fazendo um barulho estranho. Todos sobem, e eu fico por último, recolhendo no caminho o meu cachorro, o Filhote.

— Consigo subir sozinha — grito para o Zeca que já ia me pegar. Seguro na grade que rodeia a carroceria e arremesso meu corpo para cima, enquanto apoio o pé na roda do caminhão.

Depois daí tudo acontece muito rápido. Quando menos se espera o caminhão perde o freio e começa a descer sozinho. Meu pé escorrega, eu me desequilibro e caio a poucos centímetros das rodas do carro, que, sem controle, passa com suas gigantescas rodas sobre uma das minhas pernas.

É claro que não sinto dor, nem sinto nada. Tudo escurece na minha frente.

Acordo no quarto branco do hospital. O mais branquinho que já vi na minha vida. Minha mãe, o Zeca e o Macalé me olham com uma cara esquisita. Como se me vissem pela primeira vez.

Tento mexer uma perna e consigo. Tento mexer a outra perna e não consigo. Procuro e não a vejo. Onde ela deveria estar, só encontro um monte de pano. Não levo nem um minuto para entender o que aconteceu. Fico imensamente triste. Olho a outra perna que nada sofreu e um pouco da tristeza vai embora. Ao menos me sobrou uma.

Por dias e dias espero que minha perna cresça de novo, "regenere", como a do siri... mas isso não acontece.

Aprendo que posso me mexer e me movimentar com uma perna só. Não é muito fácil. Mas eu gosto de fazer coisas difíceis.

Volto para casa. Filhote se aninha no meu colo. Macalé afinal entende a amizade que tenho pelo meu cachorro e não faz mais troça nem abusa só por causa desse detalhe insignificante... é que só eu posso ver meu cãozinho. Minha mãe não quer saber de cachorro aqui em casa, por isso ele só existe na minha imaginação.

Macalé não sai mais de perto, contando casos engraçados. Acho que ele quer me fazer rir, mas eu gosto mesmo é de ouvir o som do riso dele.

Ele fez uma muleta para mim. Hoje é meu primeiro dia na escola depois que estou diferente. Ele está comigo no pátio quando o Engomadinho me chama de saci-pererê. Os dois rolam pelo chão. Eu não fico chateada, o Saci até que é simpático e esperto como ele só.

Aprendo, usando apenas uma perna, a andar de bicicleta, jogar queimada e não me atrapalho no pique-esconde.

Da minha carteira — a primeira da fila — ouço a professora ler os versos que uma outra Cecília, a Meireles, escreveu:

Eu canto porque o instante existe
e a minha vida está completa.
Não sou alegre nem sou triste:
sou poeta.

Acho que ela gostava muito de crianças e andou contando muitas histórias e fazendo versos para gente pequena. Daí eu pensei que, sendo Cecília também, se eu fosse poeta poderia ter escrito assim:

Eu canto porque o instante existe
e a minha vida não termina.
Não sou alegre nem sou triste:
sou menina.